Pin Uno Pin Dos

Recopilación de
Arturo Navarro
Ilustraciones de
Rosana Faría

Ediciones Ekaré

EDICIONES

ekaré

Edición a cargo de Verónica Uribe
Dirección de Arte: Irene Savino

Séptima edición, 2006

© 1993 Ediciones Ekaré

Edif. Banco del Libro, Av. Luis Roche, Altamira Sur, Caracas 1062, Venezuela, www.ekare.com

Cuentas y Versos
para
Entrar en Juego

PACO PAQUITO

Paco Paquito
vendió su escalera,
para casarse
con la costurera.
La costurera
vendió su abanico,
para casarse
con Paco Paquito.

LA GALLINA FRANCOLINA

La gallina Francolina
puso un huevo en la cocina.
Puso uno, puso dos,
puso tres, puso cuatro,
puso cinco, puso seis,
puso siete, puso ocho,
puso un pan de bizcocho.

EL PALACIO DEL INGLES

Una vez fueron tres
al palacio del inglés.
El inglés sacó su espada
y mató a cuarentaitrés;
perro, gato, cuarentaicuatro,
un, dos, tres, cuatro.

UNILLA

Unilla, dosilla,
tresilla, cuentana
color de manzana,
verruga la tez
contigo son diez.

UNA, DOLA

Una, dola,
tela, catola,
quina quinieta,
vino la reina
con su peineta;
cuadrín, cuadrón,
cuéntalas bien
que las veinte son.

EL FAROLERO

Soy el farolero
de la Puerta del Sol,
pongo la escalera
y enciendo el farol.
Ya que está encendido
me pongo a contar
y siempre me sale
la cuenta cabal:
dos y dos son cuatro,
cuatro y dos son seis,
seis y dos son ocho
y ocho dieciseis
y ocho veinticuatro
y ocho treintaidos;
éstas son las cuentas
que he sacado yo.

ENE, TENE, TU

Ene, tene, tú
cape, nane, nú.
Tiza, fá
tumba, lá.
Es, tis, tos, tus
para que la lleves tú.

POESIA DE JUEGO

AZUCAR CANDE

Azúcar cande
paso por prenda,
el que la tenga
que no la detenga,
ni por oro, ni por plata,
ni por una garrapata.
Tichi, tacha
la vieja borracha.
Diga usted quién la tiene.

SALTA MONITO

Salta monito
salta monazo,
abre las puertas
quiebra los vasos.

PIMPIRIGALLO

Pimpirigallo
monta a caballo
con las espuelas
de tu tocayo.

¿QUE QUIERES LOBITO?

¿Qué quieres lobito?
Una gallinita.
¿Y la que te di?
Ya me la comí.
¿Y las alitas?
Las eché a volar.
¿Y las patitas?
Las eché a correr.
¿Y la piel?
Se la di a Miguel.
¿Y el corazón?
Se lo di a Ramón.

SANCHO PANZA

Al lirón, lirón, lireo,
Sancho Panza fue al correo
con su chiqui, chiqui, cheo,
con su chiqui, chiqui, cheo.

AY ME DUELE

Ay, que me duele un dedo
¡tilín!
Ay, que me duelen dos
¡tolón!
Ay, que me duele el alma
¡tilín!
El alma y el corazón
¡tolón!

MANSEQUI

Mansequi, mansequi,
mansequi laculequi.
La gallina, la gallina,
la gallina y el capón.
El anillo, el anillo,
el anillo que me diste
fue de vidrio, fue de vidrio,
fue de vidrio y se rompió.
El amor, el amor,
el amor que me tuviste
fue poquito, fue poquito,
fue poquito y se acabó.

DOMINGO

Mañana domingo
se casan los gringos.
¿Quién es la madrina?
Doña Catalina.
¿Quién es el padrino?
Don Juan Barrigón.
¿Quién toca la flauta?
El negro Simón.
¿Por dónde la toca?
Por el callejón.

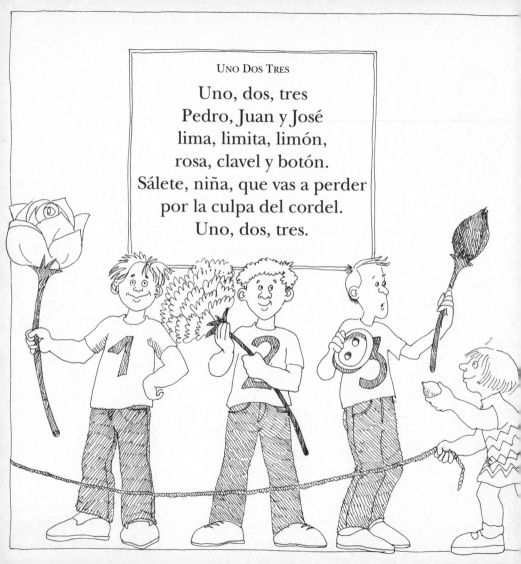

UNO DOS TRES

Uno, dos, tres
Pedro, Juan y José
lima, limita, limón,
rosa, clavel y botón.
Sálete, niña, que vas a perder
por la culpa del cordel.
Uno, dos, tres.

CUENTOS
DE
NUNCA ACABAR

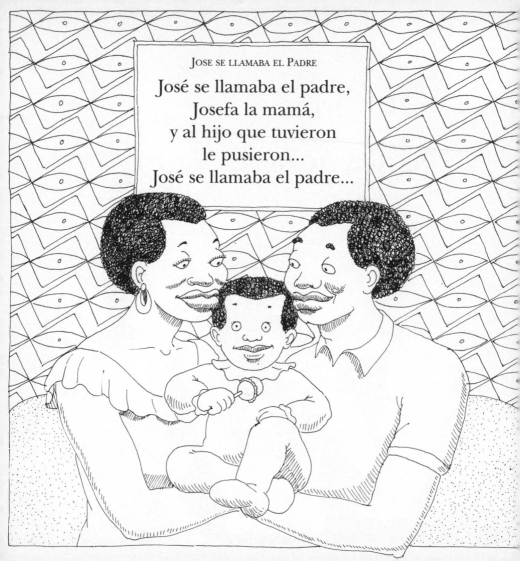

JOSE SE LLAMABA EL PADRE

José se llamaba el padre,
Josefa la mamá,
y al hijo que tuvieron
le pusieron...
José se llamaba el padre...

SAPO GUARAPO

Sapo guarapo
calzones de trapo,
cotona al revés,
¿quieres que te lo cuente otra vez?

LA HORMIGUITA

Era una hormiguita
que de su hormiguero
salió calladita;
se metío al granero
robó dos granitos
y escapó ligero.

TRABALENGUAS

COSME

Cómelo, Cosme,
cómelo con limón,
cómelo con melón
y con melocotón.

POQUITO

Poquito a poquito,
Paquito empaqueta
poquitas copitas
en ese paquete.

Un Diablo

Un diablo se cayó al pozo
y otro diablo lo sacó,
y el diablo dijo: ¡qué diablos!
¿Cómo diablos se cayó?

DON LUCHO

Necesito mucho, mucho,
señor, un gran serrucho
para cortarle a Don Lucho
su gran cucurucho.

LETRILLAS
Y
DICHARACHOS

Frío, frío

Frío, frío
como el agua del río,
caliente, caliente
como el aguardiente.

Pelao

Salió el sol,
salió la luna,
salió el pelao
comiendo tuna.

NARANJA

Te comiste la naranja
no me diste la pepita,
cuando mate mi chanchito
no te daré la colita.

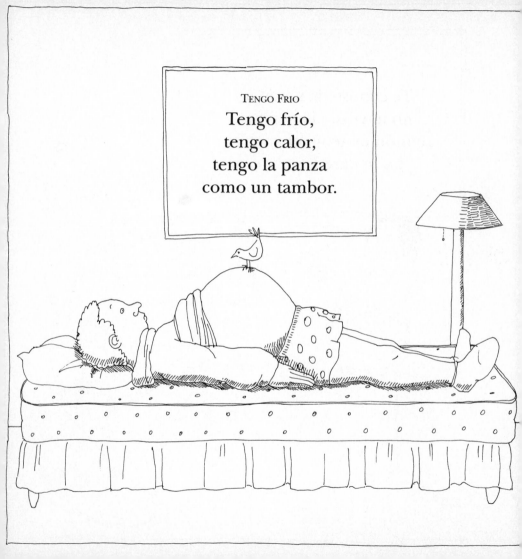

TENGO FRÍO

Tengo frío,
tengo calor,
tengo la panza
como un tambor.

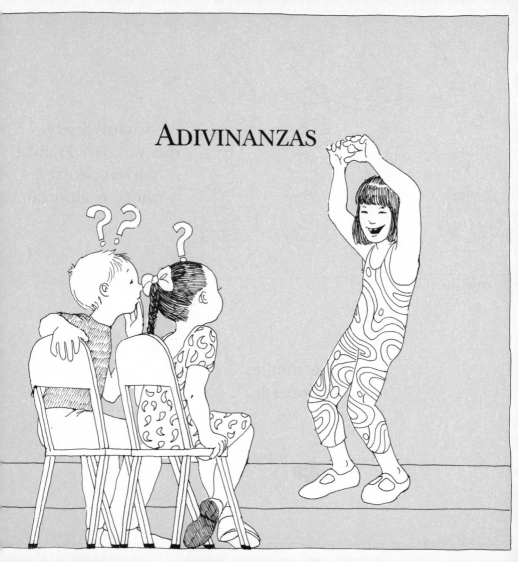

ADIVINANZAS

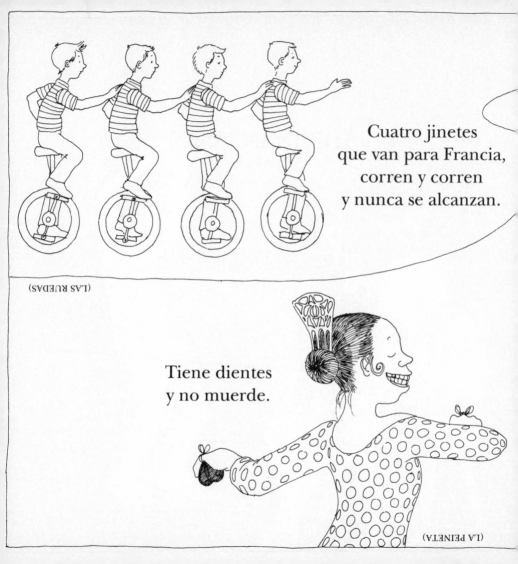

Cuatro jinetes
que van para Francia,
corren y corren
y nunca se alcanzan.

(LAS RUEDAS)

Tiene dientes
y no muerde.

(LA PEINETA)

Sal, me dicen todos,
como si fuera perro.

(LA SAL)

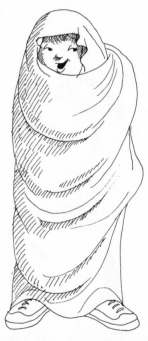

Vengo de padres cantores,
aunque yo no soy cantor;
tengo los hábitos blancos
y amarillo el corazón.

(EL HUEVO)

Salta que salta
y la colita le falta.

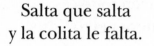

(EL SAPO)

Un convento muy cerrado
sin campanas y sin torres;
muchas monjitas dentro
preparan dulce de flores.

(LA COLMENA)

Pasa río, pasa mar,
no tiene boca y sabe hablar.

(LA CARTA)

Para bailar me pongo la capa,
porque sin capa no puedo bailar;
para bailar me saco la capa,
porque con capa no puedo bailar.

(EL TROMPO)

Una dama de faldas blancas
salta cerros y barrancas.

(LA NIEBLA)

Una señorita, muy aseñorada,
llena de remiendos,
sin una puntada.

(LA SERPIENTE)

Soy un señor encumbrado,
ando mejor que un reloj,
me levanto muy temprano
y me acuesto a la oración.

De la cordillera viene
un torito bramador,
trae los cuernos de oro
y amarillo el corazón.

(EL SOL)

(EL SOL)

Somos dos
ventanitas curiosas,
tenemos dos
persianas fijas
y vemos todas las cosas
feas o bonitas.

(LOS OJOS)

Soy borrachito,
soy borrachón,
yo tomo chicha,
yo tomo ron.

(EL CHICHARRÓN)

Una culebrita, inquieta y pelada
que, llueva o no llueva,
siempre está mojada.

(LA LENGUA)

Alto, altanero,
gran caballero,
capa dorada
y un gran sombrero.

(EL GALLO)

Una fuente de avellanas,
en el día se recoge,
en la noche se derrama.

(LAS ESTRELLAS)

Blanca por dentro,
amarilla por fuera,
si quieres saberlo,
espera.

(LA PERA)

De nueve hijos que somos,
el primero yo nací
y soy el menor de todos
¿cómo puede ser así?

(EL NÚMERO 1)

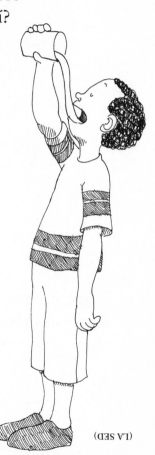

Crece y se achica
y nadie la ve,
no es luz y se apaga
adivina qué es.

(LA SED)

En un momento, dos veces;
en un minuto, una vez;
y en cien años, no se ve.

(LA LETRA M)

...mmmm...

¿Qué es, qué es,
que mientras más le quitas
más grande es?

(EL AGUJERO)

Una varillita,
tan derechita,
que no se dobla
ni se marchita
y saca humo
por la boquita.

(LA CHIMENEA)

Tengo patas y no me puedo mover;
tengo comida y no puedo comer.

(LA MESA)

Una dama muy delgada
y de palidez mortal,
que se alegra y se reanima
cuando la van a quemar.

(LA VELA)

Cae de una torre
y no se mata,
cae en el agua
y se desbarata.

(EL PAPEL)

HISTORIETAS RIMADAS

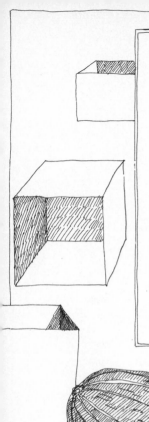

JUANITO, EL BANDOLERO

Juanito, el bandolero,
se metió en un sombrero;
el sombrero era de paja
se metió en una caja;
la caja era de cartón
se metió en un cajón;
el cajón era de pino
se metió en un pepino;
el pepino maduró
y Juanito se salvó.

Los Veinte Ratones

Arriba y abajo
por los callejones,
pasa una ratita
con veinte ratones;
unos con colitas
y otros muy colones;
unos sin orejas
y otros orejones;
unos sin patitas
y otros muy patones;
unos sin ojitos
y otros muy ojones;
unos sin narices
y otros narigones;
unos sin hocico
y otros hocicones.

Lunes

Martes

LA NIÑA VELOZ

El lunes
nació una niña,
el martes
se bautizó;
el miércoles
fue a la escuela,
el jueves
ya se graduó;
el viernes ya
estaba anciana
y el sábado
se murió;
pero el domingo
la niña
de nuevo resucitó.

Miércoles

Jueves

Viernes

Sábado

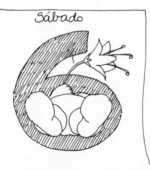

Domingo

A, E, I, O, U

A, la vaca se va.
E, la vaca se fue.
I, la vaca esta aquí.
O, la vaca llegó.
U, la vaca eres tú.

LA VIUDA TRISTE

Yo quise a una viuda triste
y ella triste me quería;
triste guisaba los pollos,
yo triste me los comía.

CANCIONES

Arroz con leche
me quiero casar
con una señorita
del Portugal.

Que sepa coser,
que sepa bordar,
que sepa abrir la puerta
para ir a jugar.

Con ésta, sí,
con ésta, no,
con esta señorita
me caso yo.

CABALLITO BLANCO

Caballito blanco
llévame de aquí,
llévame a mi pueblo
donde yo nací.

Tengo, tengo, tengo
tú no tienes nada,
tengo tres ovejas
en una cabaña.

Una me da leche,
otra me da lana,
otra mantequilla
para la semana.

HILO DE ORO, HILO DE PLATA

-Vamos jugando al hilo de oro
y al hilo de plata también,
que me ha dicho una señora
que lindas hijas tenéis.

-Yo las tengo, yo las tengo,
yo las sabré mantener,
con un pan que Dios me ha dado
y un vaso de agua también.

-Yo me voy muy enojado
a los palacios del Rey,
a decírselo a la Reina
y al hijo del Rey también.

-Vuelve, vuelve, caballero,
no seas tan descortés,
que de tres hijas que tengo
la mejor te la daré.

-Te escojo por esposa,
por bonita y por mujer,
que pareces una rosa
acabada de nacer.

-Téngala muy bien guardada.
-Bien guardada la tendré,
sentadita en una silla
trabajando para el Rey.

Cuando sea necesario
azotitos le daré,
mojaditos en vinagre
para que le sienten bien.

LA VIUDITA

Doncella del prado
que al campo salís
a coger las flores
de mayo y abril.

Yo soy la viudita
del Conde Laurel
que quiero casarme
y no hallo con quien.

Pues siendo tan bella
y no hallas con quien,
escoge a tu gusto
aquí tienes cien.

Yo escojo a María
por ser la más bella,
la flor más hermosa
que adorna el jardín.

PAÑUELO DE ORO

¿Qué será ese ruido
que pasa por ahí?
De día y de noche
no nos deja dormir.

Serán los estudiantes
que pasan a rezar
a una capillita
de la Virgen del Pilar.

Tocan las campanitas,
tocan por la mañana;
tocan las campanitas,
tocan, tocan al alba.

Con un pañuelo de oro
y el otro de plata,
salga la que salga
por esta puerta falsa.

No Es Lo Mismo

No es lo mismo...

María toma la sopa **QUE** toma la mariposa.

Zoila Cruz de Rojas **QUE** soy de la Cruz Roja.

La quería por dos **QUE** las dos porquerías.

Toma sopa **QUE** mata sapo.

La Via Crucis **QUE** no cruces la vía.

Cinema Star **QUE** estar encima.

No es lo mismo...

Un pequeño toma té **QUE** un tomate pequeño.

 Baltasar **QUE** va a saltar.

Terciopelo **QUE** cierto pelo.

El Consulado de la China **QUE** con su china al lado.

Catalina de Medici **QUE** ¿qué me decís, Catalina?

 La dama de las camelias **QUE** la cama de la Amelia.

No es lo mismo...

Nombre de pila **QUE** pila de nombres.

El camafeo **QUE** el feo en cama.

Manicomio **QUE** comió maní.

Una choza chica en Capri **QUE** una chica caprichosa.

Qué tupé tiene Rita **QUE** ¿qué tiene tu perrita?

Un asno que dura **QUE** un durazno.

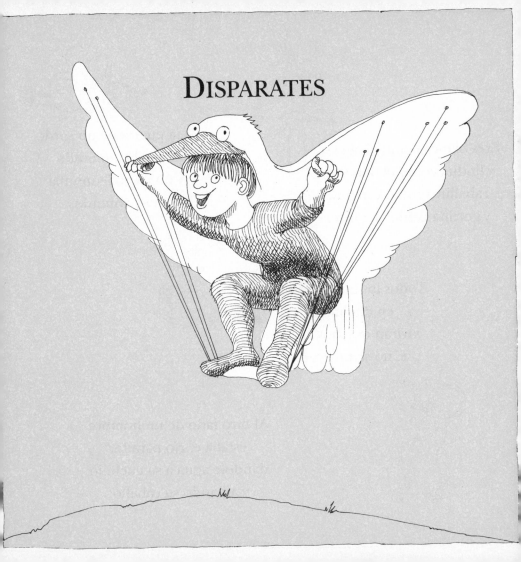

DISPARATES

Eres blanca como el cuervo
y lindita como el hambre;
cabellitos como espinas,
y gordita como alambre.

A la puerta de un sordo
cantaba un mudo
y un ciego le miraba
con disimulo.

Todos los que se casan
en día jueves
vivirán muchos años
si no se mueren.

Al otro lado de un hombre
estaba el río parado,
dándole agua a su cuchillo
y afilando su caballo.

Asómate a la vergüenza
cara de sin ventana,
pásame un traguito de sed
que me estoy muriendo de agua.

Un ciego estaba mirando
cómo se quemaba una casa,
un mudo llamaba gente
y un cojo llevaba el agua.

Saliendo de mi cuartel
con hambre de tres semanas,
me encontré con un ciruelo
cargadito de avellanas;
comencé a tirarle piedras
y caían las manzanas.
Al ruido de las nueces
salió el dueño del peral,
y me dijo: "Señor mío,
¿por qué toma usted los higos
cuando es mío el melonar?"

Y fueron felices
comieron perdices
a mí no me dieron
porque yo no quise.